STRATEGIE DI TRADING SUI FUTURES

Indice

Introduzione

Congratulazioni per la tua copia personale di *Strategie di Trading sui Futures*. Questo libro ti permetterà di iniziare ad utilizzare i contratti futures come strumento di trading. Esamineremo comprovate tecniche di entrata nel trading dei futures, unitamente alla strategia di analisi tecnica necessaria per metterle in atto.

Il libro riguarda principalmente il trading di futures, tuttavia questa tipologia di mercato può essere, e spesso lo è, influenzato da altri contesti economici. Nei capitoli successivi, esamineremo questi mercati individualmente, e nell'ultimo capitolo verrai introdotto agli exchange traded funds (ETF), uno dei prodotti più importanti e utili creati negli ultimi anni proprio per i singoli investitori.

Sono molti i libri presenti sul mercato, grazie per aver scelto proprio questo.

Capitolo 1:
Panoramica sui Futures

P arlando con amici o attraverso i media, probabilmente hai già sentito parlare di trader che traggono profitto dal mercato dei futures e potresti esserti chiesto se fosse possibile guadagnare dalle fluttuazioni dei prezzi a livello globale. La risposta è sì, anche tu puoi partecipare al mercato dei futures utilizzando un conto di trading.

Il mercato dei futures è davvero stimolante ed ampio poiché permette di fare trading su contratti futures su qualsiasi cosa: dal cotone allo zucchero, dai tassi di interesse fino al settore delle energie. Non sarai limitato ad un solo settore dell'economia globale, né a periodi di forte congiuntura. Nel mercato dei futures, come trader puoi guadagnare sia quando i prezzi salgono che quando scendono.

Contratti Futures

La base del mercato dei futures è il contratto futures. Per partecipare al mercato dei futures è fondamentale capire cos'è un contratto futures e come funziona. Cominciamo con una definizione di base, e in seguito passeremo ad una comprensione più approfondita dei contratti e di come trarne profitto. Un contratto futures è un contratto tra un acquirente e un venditore, nel quale il venditore accetta di consegnare una merce/uno strumento sottostante all'acquirente in una data specifica e per un prezzo specifico.

Contratti

Acquirenti e venditori creano contratti futures. Inizialmente, se hai familiarità con le azioni di trading emesse da società che determinano il numero di azioni disponibili, tutto ciò potrebbe risultare strano. I contratti futures si differenziano dalle quote di mercato azionario. Nonostante sia disponibile un numero finito di azioni del mercato azionario, al contrario, esiste un numero infinito di potenziali contratti futures disponibili. Fintantoché esistono un acquirente e un venditore, insieme possono creare un contratto futures.

Gli scambi futures tracciano il numero di contratti creati e ne elencano l'importo come volume. Il volume indica quanti contratti vengono creati per ogni merce disponibile e durante ogni periodo di scambio. Ad esempio, analizzando il contratto futures inerente al gas naturale e riscontrassi un volume uguale a 75.000 allora sapresti che quel giorno sono stati creati 75.000 contratti per i futures sul gas naturale.

Il volume è in grado di rivelare molto su cosa stia avvenendo con un contratto futures e per quante persone sia oggetto di scambio, ma non fornisce il quadro completo del perché non tutto il volume proviene dai trader che aprono nuovi scambi. I trader che sono già all'interno di operazioni e vogliono uscirne, generano una quantità considerevole di volume.

I trader di futures che sono in un trading e vogliono uscirne, devono creare un nuovo contratto per compensare l'altro.

Come trader di futures devi essere consapevole non solo di quanti contratti sono stati creati, ma anche del numero di questi che rimangono attivi. Un volume e un interesse aperto elevato sono segni di una buona liquidità nel mercato, il che significa che per te dovrebbe essere molto facile entrare ed uscire rapidamente dalle operazioni di trading con un piccolo spread tra il prezzo di offerta e di domanda. Un volume e un interesse aperto basso sono segni di una buona liquidità nel mercato, quindi per te dovrebbe essere molto facile entrare e uscire rapidamente dalle operazioni di trading ad un buon prezzo.

Prezzo di Offerta e di Domanda

Diamo uno sguardo al ruolo di acquirenti e venditori dei contratti. I contratti futures sono quotati con due valori: un prezzo di offerta e uno di domanda. Il prezzo di offerta è quello ricevuto nel momento in cui vendi i tuoi contratti futures. Il prezzo di domanda è il prezzo offerto nel momento in cui vuoi acquistare contratti futures. Il prezzo di offerta è sempre inferiore al prezzo di domanda e la differenza tra i due è detta spread. Quando un contratto ha un volume basso, lo spread tra l'offerta e la domanda sarà ampio. Quando un contratto futures ha un volume elevato, lo spread tra l'offerta e la domanda sarà sottile o piccolo. Come trader di futures, o trader in generale, vuoi che lo spread sia il più piccolo possibile.

Puoi essere un acquirente o un venditore di un contratto futures. Il mercato dei futures offre un'enorme flessibilità per acquistare o vendere. Finché esiste qualcuno dall'altra parte disposto a vendere un contratto da acquistare, o ad acquistare un contratto che desideri vendere, si può creare il contratto.

Posizione Long e Short

Ecco due termini dei quali sentirai parlare spesso se si tratta di acquisto e vendita di contratti futures, che possono essere long o short. Andare long su un contratto significa acquistare il contratto. Andare short su un contratto significa vendere il contratto.

In genere, i trader di futures cercano di acquistare un contratto quando ritengono che il prezzo aumenterà, mentre vogliono venderlo quando credono che il prezzo scenderà. Il tuo lavoro come trader di futures è quello di determinare in quale direzione pensi che il prezzo si muoverà e di conseguenza effettuate uno scambio.

I prezzi dei contratti futures fluttuano su base giornaliera e alcune borse futures limitano la distanza percorribile da alcuni contratti in un certo periodo di scambio. I contratti futures con regole di fluttuazione di prezzo massime allegate, interromperanno le operazioni di trading se si muovono troppo in una sola direzione.

I contratti futures dispongono anche delle cosiddette soglie limite superiore e inferiore. Se il prezzo del contratto futures sale troppo in alto o scende troppo in basso, il trading su quel contratto si arresterà per alcuni minuti in modo da consentire allo scambio di determinare se il trading debba o meno continuare per quel giorno, o se sia meglio interrompere per evitare timori nello scambio.

Hedger e Speculatori

Solitamente, acquirenti e venditori di contratti futures sono divisi in due gruppi: hedger e speculatori.

Con il termine hedger si indicano gli operatori che utilizzano contratti futures per coprire i rischi fronteggiati trattando le materie prime reali sottostanti (ad esempio, un coltivatore di grano) e le oscillazioni di prezzo correlate.

Gli speculatori sono dunque trader che utilizzano contratti futures per speculare e, se tutto va bene, trarre profitto dalle variazioni di prezzo delle materie prime sottostanti. Generalmente, nella loro attività lavorativa quotidiana, gli speculatori NON trattano le materie prime sottostanti coperte con contratti futures. Molto probabilmente rientrerai in questa categoria di trader di futures.

Gli speculatori acquistano contratti futures su materie prime che si ritiene aumenteranno di valore, mentre tendono invece a vendere contratti futures su materie prime che con tutta probabilità diminuiranno di valore. Gli speculatori svolgono un ruolo importante nel mercato dei futures. Forniscono liquidità agli hedger che cercano di compensare il proprio rischio. Nel momento in cui entrano in uno scambio, gli speculatori si assumono il rischio. Cercando di spiegare meglio, gli hedger trasferiscono i propri rischi agli speculatori che a loro volta sperano di trarne profitto.

Ora che puoi contare su di una conoscenza di base di chi sono gli acquirenti e i venditori nel mercato dei futures, diamo uno sguardo alle materie prime che acquirenti e venditori stanno appunto scambiando.

Capitolo 2:
Futures su Materie Prime

Futures su Materie Prime

Quando si pensa al mercato dei futures sulle materie prime, vengono in mente scambi di caffè o succo d'arancia. Queste materie prime vengono effettivamente scambiate sulle borse dei futures, ma costituiscono solo una porzione minoritaria dell'attività di trading. Al giorno d'oggi i contratti su petrolio, gas naturale, tassi di interesse, cereali e altro dominano il mercato dei futures.

Il mercato dei futures offre una vasta e diversificata gamma di contratti negoziabili. Puoi approfittare del calo dei prezzi del petrolio e di una valuta in aumento. È possibile dividere i contratti futures disponibili in due categorie: futures su materie prime e futures finanziari.

I futures sulle materie prime sono contratti che si basano su una merce fisica che è possibile raccogliere, far crescere, estrarre e trasportare da un luogo all'altro. I futures sulle materie prime comprendono i seguenti settori:

- Agricoltura
- Metalli Comuni
- Energie
- Carni
- Metalli Preziosi

- Softs

I futures finanziari sono contratti che si basano su prodotti appunto finanziari, come obbligazioni e indici azionari. I futures finanziari comprendono i seguenti settori:

- Obbligazioni
- Valute
- Tassi di Interesse a Breve Termine
- Indici Azionari

All'interno di ciascuno di questi settori potrai trovare contratti che vanno dallo zucchero alla soia, dall'argento e al rame, e ogni contratto ha una sua personalità unica. Nei capitoli successivi parleremo di molti di questi settori e dei relativi contratti.

Capitolo 3:
Date dei Contratti, Scambi e Margini

Date dei Contratti

Ogni contratto futures ha una sua data di scadenza specifica, ed un prezzo puntuale al quale il venditore dovrà fornire la merce e l'acquirente pagarla. Prima di tutto parleremo delle date relative ad un contratto, quindi passeremo alla consegna effettiva della merce sottostante.

I contratti futures hanno tre date fondamentali che è necessario conoscere: data di avviso, data di scadenza, data di consegna.

La **Data di avviso** indica il primo giorno in cui il venditore di un contratto futures può mandare un avviso all'acquirente per comunicare la tempistica di consegna della merce sottostante. Ad esempio, se vendi un contratto futures sul rame grezzo, puoi avvisare l'acquirente del contratto che effettivamente consegnerai il rame. In realtà non lo farai, ma compenserai invece i tuoi contratti prima di effettuare la consegna.

La **Data di scadenza** è il giorno in cui scade il contratto futures. Si tratta anche dell'ultimo giorno di trading del contratto. I contratti futures hanno scadenza mensile, e nonostante non tutte le materie prime vengano scambiate ogni mese, vi sono sempre alcuni contratti sulle materie prime disponibili mensilmente. Per visualizzare la scadenza del contratto devi controllare la merce specifica oggetto dello scambio.

Ogni contratto futures dispone di un simbolo ticker univoco che ti mostra quale sia la merce sottostante e la scadenza del contratto. Ogni simbolo ticker è suddiviso in tre parti: l'identificativo dello strumento, il mese di scadenza e l'anno di scadenza. Facciamo un esempio: il simbolo ticker per un contratto sul greggio con scadenza a luglio 2017 è CLN17. CL sta ad indicare lo strumento, N il mese di scadenza e 17 l'anno di scadenza.

I simboli relativi ai mesi delle materie prime sono:

F	Gennaio
G	Febbraio
H	Marzo
J	Aprile
K	Maggio
M	Giugno
N	Luglio
Q	Agosto
U	Settembre
V	Ottobre
X	Novembre
Z	Dicembre

La **Data di consegna** è l'ultima data utile entro la quale il venditore dovrà necessariamente consegnare la merce all'acquirente. La data di consegna è nota anche come data di regolamento. Il venditore non deve necessariamente attendere la data di consegna per consegnare la merce. Questa può avvenire in qualsiasi momento durante il periodo di consegna, nel periodo compreso tra la data del primo avviso e la data di consegna.

Tieni a mente che non è necessario preoccuparsi di consegnare o ricevere una merce che stai scambiando. Devi solo pensare a compensare le tue posizioni prima della scadenza dei contratti. La maggior parte dei trader, sia speculatori che hedger, compensa in effetti le proprie posizioni. Solo una piccola percentuale dei contratti futures viene effettivamente consegnata.

È importante sapere che esistono due tipi di consegna sui contratti futures: consegna fisica e consegna regolata in contanti. La consegna fisica si verifica nel momento in cui l'acquirente riceve la merce sottostante dal contratto. La consegna regolata in contanti si verifica quando l'acquirente riceve l'equivalente in contanti dell'attività sottostante, invece di cercare di ricevere un'attività immateriale come l'S&P 500.

Ora hai a disposizione le informazioni di base necessarie per comprendere la natura di un contratto futures. Vediamo ora dove e come si scambia effettivamente un contratto futures.

Intermediazioni di Futures

Un broker di futures o una banca, sono il tuo portale per il mercato dei futures. Il tuo broker di futures ti fornisce l'accesso ad una piattaforma di trading e ad un conto che ti permettano di acquistare e vendere contratti. Il tuo broker ti fornisce anche gli strumenti necessari per ricercare e monitorare le tue operazioni.

Scambi di Futures

Durante un'operazione di acquisto o vendita di un contratto, la tua banca o il tuo broker invia questa operazione ad una borsa di scambio per l'esecuzione. In passato, il tuo scambio sarebbe stato inviato al trading pit nel floor dello scambio per qualunque contratto negoziato. I floor trader negozierebbero i prezzi e la tua operazione sarebbe in questo modo soddisfatta. Alcune operazioni vengono eseguite da trading floor fisici, mentre altre ormai avvengono online. Un software complesso mette insieme acquirenti e venditori ed effettua operazioni in frazioni di secondo. Sono i progressi tecnologici come questi che hanno reso il trading più efficiente.

Ecco un elenco di alcuni degli scambi sui quali è possibile fare trading:

Chicago Board of Trade (CBOT), tramite ECBOT

Chicago Mercantile Exchange (CME), tramite GLOBEX

New York Mercantile Exchange (NYMEX), tramite GLOBEX

New York Board of Trade (NYBOT), tramite ICE NYBOT

GLOBEX

Eurex

Euronext

ICE

Borsa Italiana

London International Financial Futures Exchange (LIFFE)

Spanish Official Exchange (MEFF)

OMX Stockholm (SSE)

Ora che sai dove puoi fare trading di contratti futures, vediamo come mettere in atto le tue operazioni.

Requisiti dei Margini

Uno dei concetti più difficili da comprendere come nuovo trader di futures è il concetto di margine. Se fai trading su un contratto futures non pagherai in anticipo l'intero valore della merce sottostante, così come faresti invece nel trading di azioni. In questo caso avverrà uno scambio e depositerai il tuo margine con il tuo broker di futures, verificando di avere denaro sufficiente per coprire eventuali perdite derivanti dal trading.

Ad esempio, per acquistare un contratto futures su 1.000 barili di greggio, invece di pagare 50.000 $ per 1.000 (ad un tasso di mercato di 50 $ al barile) in anticipo come margine nel tuo conto, avresti bisogno solo di 3.500 $ (solo per fare un esempio). In questo modo sarai in grado di sopportare eventuali perdite su questo scambio.

Il margine messo da parte nel momento in cui entri in uno scambio è detto margine iniziale. Dopo aver effettuato un'operazione potrebbe non essere necessario mantenere lo stesso livello di margine. Durante un'operazione di trading non devi far altro che soddisfare ciò che viene definito come il tuo requisito di margine di mantenimento, che, a seconda dello scambio, è generalmente inferiore. Il margine di mantenimento corrisponde alla quantità di denaro da mettere da parte per poter rimanere in uno scambio. Nel nostro esempio con il greggio, il tuo requisito di margine di manutenzione sarebbe di soli 3.000 $, rispetto al requisito di margine iniziale di 3.500 $.

I requisiti di margine rimangono stabiliti dalle stanze di compensazione dei futures. Anche i requisiti di margine non vengono fissati in modo permanente. Le società di cambio/compensazione possono in qualsiasi momento adeguare i requisiti di margine minimo. In caso, sarà il tuo broker a poter aumentare i requisiti di margine. Se, in base alle perdite accumulate sulle tue operazioni o all'aumento dei requisiti di margine, i tuoi livelli di margine scendono al di sotto dei minimi accettabili, allora il tuo broker può anche emettere la cosiddetta richiesta di margine. Se ricevi una richiesta di margine, allora dovrai depositare maggior denaro sul tuo conto per coprire gli obblighi di margine.

Potrai accedere alla tua operazione una volta soddisfatto il requisito di margine. Puoi acquistare o vendere un contratto futures utilizzando un ordine di mercato o un ordine con limite. Un ordine di mercato è un ordine di acquisto o vendita che istruisce il tuo broker a piazzare lo scambio al tasso di mercato corrente. Un ordine con limite è un ordine di acquisto o vendita che istruisce il tuo broker a piazzare lo scambio a un prezzo specifico o migliore.

Se vuoi entrare o uscire rapidamente da uno scambio, e assicurarti di entrare o uscire, dovresti utilizzare un ordine di mercato. Se non ti crea preoccupazione entrare o uscire da uno scambio fino a quando il prezzo non è quello giusto, allora puoi utilizzare un ordine con limite in modo da assicurarti di ottenere il prezzo desiderato.

Capitolo 4:
Fornitori di Materie Prime

prezzi dei contratti futures aumentano e diminuiscono seguendo le stagionalità. I movimenti sembrano fluire in una sorta di ritmo prevedibile, i prezzi salgono sempre in certi periodi dell'anno e scendono in altri. Che si tratti della stagione della semina primaverile per le materie prime agricole, della bassa domanda di azioni durante le vacanze estive o della domanda di dicembre di metalli preziosi, sembra vi sia sempre un qualcosa sul calendario che influenza la domanda e l'offerta sul mercato.

Questo flusso e deflusso dei prezzi non è di certo una scienza esatta, sono molti i fattori diversi dalla stagionalità che influenzano il prezzo di un contratto futures, ma sapere in che modo i contratti futures che stai tenendo sotto osservazione si sviluppano attraverso il calendario stagionale, può aiutarti a pianificare il tuo anno di trading e a prepararti per operazioni future.

Per avere una panoramica più ampia del tuo calendario di trading e di quali contratti futures potresti voler acquistare o vendere in un dato momento, parleremo di quali sono le caratteristiche delle quattro stagioni dell'anno: Inverno, Primavera, Estate, Autunno.

Fornitori

Prima di passare alle stagioni, è importante conoscere quali sono i principali fornitori di ciascuna merce in modo da comprendere meglio perché il cambio di stagione influisce sui prodotti.

Nell'economia globale moderna, le materie prime consumante provengono in linea di massima da qualsiasi parte del mondo. Si sente spesso parlare dei mega centri economici come Stati Uniti, Unione Europea e Cina, e siamo così portati a pensare che tutto ciò che compriamo provenga da tali luoghi. Ma ciò non è necessariamente vero se hai a che fare con le materie prime. Paesi come Brasile, Argentina, India e persino Perù sono produttori dominanti di molte delle materie prime commercializzate sui mercati globali dei futures.

Quando si pensa ai produttori di materie prime, in particolare per le materie prime agricole, è importante ricordare in quale emisfero si trovano, perché si tratta di un elemento che influenzerà i cicli colturali. Quando è estate nell'emisfero boreale, è inverno nell'emisfero australe e viceversa.

Emisfero Boreale: è la metà della terra a nord dell'equatore, dove si trova circa il 90% della popolazione umana totale.

Emisfero Australe: è la metà della terra a sud dell'equatore, dove si trova circa il 10% della popolazione umana totale.

Esaminiamo ora i primi tre produttori per ciascuna delle seguenti materie prime: Energie, Metalli Preziosi, Agricoltura.

Energia

Greggio – I tre principali produttori di greggio a livello mondiale sono:

1. Russia

2. Arabia Saudita

3. Stati Uniti d'America

Gas Naturale – I tre principali produttori di gas naturale a livello mondiale sono:

1. Russia

2. Stati Uniti d'America

3. Iran

Metalli Preziosi

Oro – I tre principali produttori di oro a livello mondiale sono:

1. Cina

2. Australia

3. Russia

Argento – I tre principali produttori di argento a livello mondiale sono:

1. Messico

2. Cina

3. Perù

Agricoltura

Soia – I tre principali produttori di soia a livello mondiale sono:

1. Stati Uniti d'America
2. Brasile
3. Argentina

Grano – I tre principali produttori di grano a livello mondiale sono:

1. Cina
2. India
3. Russia

Mais – I tre principali produttori di mais a livello mondiale sono:

1. Stati Uniti d'America
2. Cina
3. Brasile

Zucchero – I tre principali produttori di zucchero a livello mondiale sono:

1. Brasile
2. India
3. Cina

Caffè – I tre principali produttori di caffè a livello mondiale sono:

1. Brasile

2. Vietnam

3. Colombia

Cotone – I tre principali produttori di cotone a livello mondiale sono:

1. Cina

2. India

3. Stati Uniti d'America

Capitolo 5:
Stagionalità e Mercato dei Futures

Ora che conosci i principali paesi produttori di ogni merce, analizziamo cosa dovresti cercare in ogni stagione dell'anno.

Gennaio, Febbraio e Marzo

Zucchero

Nell'Emisfero Boreale, l'inverno è il periodo del raccolto per canna da zucchero e barbabietole da zucchero. Il raccolto di canna da zucchero e barbabietola da zucchero ha un impatto notevole sull'offerta nel mercato. Se si tratta di un buon raccolto, l'offerta aumenterà e di conseguenza dovrebbe diminuire il prezzo dello zucchero. Se invece il raccolto è scarso o debole, l'offerta diminuirà e normalmente il prezzo dello zucchero dovrebbe aumentare.

Aprile, Maggio e Giugno

Greggio

Di solito i prezzi del greggio aumentano in primavera, quando i produttori di gasolio iniziano ad anticipare la ben nota stagione estiva di guida degli Stati Uniti.

Mais

Nell'Emisfero Boreale la primavera è tempo di *semina* del mais. La stagione della semina del mais ha un impatto diretto sull'offerta nel mercato. Se sarà una stagione di semina forte, l'offerta aumenterà e ciò dovrebbe comportare una diminuzione del prezzo del mais. Se la stagione di semina sarà scarsa, l'offerta diminuirà e di conseguenza dovrebbe aumentare il prezzo del mais.

Nell'Emisfero Australe la primavera è il periodo di *raccolta* del mais. La raccolta del mais ha un impatto diretto sull'offerta nel mercato. Se si tratta di un buon raccolto, l'offerta aumenterà e di conseguenza dovrebbe diminuire il prezzo del mais. Se il raccolto è scarso, l'offerta diminuirà e aumenterà il prezzo del mais.

Cotone

Nell'Emisfero Boreale la primavera è tempo di semina per il cotone. La stagione della semina del cotone ha un impatto diretto sull'offerta nel mercato. Se sarà una stagione di semina forte, l'offerta aumenterà e dovrebbe quindi esserci una diminuzione del prezzo del cotone. Se la stagione di semina sarà scarsa, l'offerta diminuirà e di conseguenza il prezzo del cotone dovrebbe aumentare.

Soia

Nell'Emisfero Boreale la primavera è tempo *di semina* della soia. La stagione della semina della soia ha un impatto diretto sull'offerta nel mercato. Se sarà una stagione di semina produttiva, l'offerta aumenterà e ci sarà una diminuzione del prezzo della soia. Se la stagione di semina sarà scarsa, allora l'offerta diminuirà e di conseguenza il prezzo della soia dovrebbe aumentare.

Nell'Emisfero Australe la primavera è il periodo di *raccolta* della soia. La raccolta della soia ha un impatto diretto sull'offerta nel mercato. Se si tratta di un buon raccolto, l'offerta aumenterà e di conseguenza dovrebbe diminuire il prezzo della soia. Se il raccolto è scarso, l'offerta diminuirà e aumenterà il prezzo della soia.

Zucchero

Nell'Emisfero Boreale, la primavera è il periodo di *semina* per canna da zucchero e barbabietole da zucchero. La stagione della semina della canna da zucchero e della barbabietola da zucchero ha un impatto diretto sull'offerta nel mercato. Se sarà una stagione di semina produttiva, l'offerta aumenterà e dovrebbe quindi esserci una diminuzione del prezzo dello zucchero. Se la stagione di semina sarà scarsa, l'offerta diminuirà e dovrebbe quindi aumentare il prezzo dello zucchero.

Nell'Emisfero Australe, l'autunno è il periodo del *raccolto* per canna da zucchero e barbabietole da zucchero. La raccolta di canna da zucchero e barbabietola da zucchero ha un impatto diretto sull'offerta nel mercato. Se si tratta di un buon raccolto, l'offerta aumenterà e di conseguenza dovrebbe diminuire il prezzo dello zucchero. Se il raccolto è scarso, l'offerta diminuirà e aumenterà il prezzo dello zucchero.

Luglio, Agosto e Settembre

Greggio

Generalmente i prezzi del greggio aumentano maggiormente durante la stagione estiva dato che il numero di conducenti per strada aumenta proprio in questo periodo, e i produttori di gasolio per il riscaldamento invernale aumentano le forniture per poter vendere all'inizio dell'autunno.

Grano

Nell'Emisfero Boreale, tradizionalmente l'estate è periodo di raccolta del grano. La raccolta del grano ha un impatto diretto sull'offerta nel mercato. L'offerta aumenterà e di conseguenza dovrebbe diminuirà il prezzo del grano. Se il raccolto è scarso, l'offerta diminuirà e normalmente aumenterà il prezzo del grano.

Caffè

Nell'Emisfero Australe, l'inverno è il periodo del raccolto del caffè. La raccolta del caffè ha un'importante impatto sull'offerta del mercato. Se si tratta di un raccolto importante, allora l'offerta aumenterà e il prezzo del caffè dovrebbe diminuire. Se si tratta di un raccolto non molto buono, allora l'offerta diminuirà e il prezzo del caffè dovrebbe aumentare.

Zucchero

Nell'Emisfero Australe, l'inverno è anche il periodo del raccolto per la canna da zucchero e le barbabietole da zucchero. La raccolta di canna da zucchero e barbabietola da zucchero ha un impatto diretto sull'offerta nel mercato. Se si tratta di un buon raccolto, l'offerta aumenterà e di conseguenza dovrebbe diminuire il prezzo dello zucchero. Se il raccolto è scarso, l'offerta diminuirà e aumenterà il prezzo dello zucchero.

Ottobre, Novembre e Dicembre

Greggio

Generalmente, i prezzi del greggio diminuiscono in maggior misura durante i mesi autunnali dato che le persone iniziano a guidare di meno. Inoltre, si tende ad acquistare la maggior parte del gasolio all'inizio della stagione, lasciando meno domanda durante il resto del periodo.

Grano

Nell'Emisfero Boreale, l'autunno è tempo di semina per il grano. La stagione della semina del grano ha un impatto diretto sull'offerta nel mercato. Se sarà una stagione di semina produttiva, l'offerta aumenterà e dovrebbe quindi esserci una diminuzione del prezzo del grano. Se la stagione di semina sarà scarsa, l'offerta diminuirà e di conseguenza dovrebbe aumentare il prezzo del grano.

Mais

Nell'Emisfero Boreale, l'autunno è il periodo del raccolto per il mais. La raccolta del mais ha un impatto diretto sull'offerta nel mercato. Se si tratta di un buon raccolto, l'offerta aumenterà e di conseguenza dovrebbe diminuire il prezzo del mais. Se il raccolto è scarso, l'offerta diminuirà e aumenterà il prezzo del mais.

Cotone

Nell'Emisfero Boreale, l'autunno è il periodo del raccolto del cotone. La raccolta del cotone ha un impatto diretto sull'offerta nel mercato. Se si tratta di un buon raccolto, l'offerta aumenterà e dovrebbe diminuire il prezzo del cotone. Se il raccolto è scarso, l'offerta diminuirà e aumenterà il prezzo del cotone.

Soia

Nell'Emisfero Boreale, l'autunno è il periodo di raccolta della soia. Il raccolto della soia ha un impatto diretto sull'offerta nel mercato. Se si tratta di un buon raccolto, l'offerta aumenterà e dovrebbe diminuire il prezzo della soia. Se il raccolto è scarso, l'offerta diminuirà e aumenterà il prezzo della soia.

Zucchero

Nell'Emisfero Boreale l'autunno è anche il periodo del *raccolto* di canna da zucchero e barbabietole da zucchero. La raccolta di canna da zucchero e barbabietola da zucchero ha un impatto diretto sull'offerta nel mercato. Se si tratta di un buon raccolto, l'offerta aumenterà e dovrebbe diminuire il prezzo dello zucchero. Se il raccolto è scarso, l'offerta diminuirà e aumenterà il prezzo del zucchero.

Nell'Emisfero Australe, la primavera è tempo di *semina* per la canna da zucchero e le barbabietole da zucchero. La stagione della semina della canna da zucchero e della barbabietola da zucchero ha un impatto diretto sull'offerta nel mercato. Se sarà una stagione di semina produttiva, l'offerta aumenterà e dovrebbe esserci una diminuzione del prezzo dello zucchero. Se la stagione di semina sarà scarsa, l'offerta diminuirà e il prezzo dello zucchero dovrebbe aumentare.

Caffè

Nell'Emisfero Australe, la primavera è il momento della fioritura del caffè. La stagione della fioritura del caffè ha un impatto diretto sull'offerta del mercato. Se si tratta di una buona stagione di fioritura, l'offerta aumenterà e dovrebbe diminuire il prezzo del caffè. Se la stagione di fioritura non è molto buona, l'offerta diminuirà e dovrebbe così aumentare il prezzo del caffè.

Capitolo 6:
Trading di Futures con l'Utilizzo di Intervalli di Tempo Multipli

Trading di Futures con l'Utilizzo di Intervalli di Tempo Multipli

In tutto il mondo, i mercati dei futures funzionano in modo efficiente perché durante una data sessione di trading vi è un'erogazione costante di trader che vogliono acquistare contratti futures, e altri trader vogliono venderli. La volontà di un trader di acquistare o vendere è influenzata dalla sua strategia, dal suo obiettivo e dal grafico di intervalli di tempo. I trader a breve termine e a lungo termine vedranno sui propri grafici situazioni radicalmente differenti, perché stanno appunto visualizzando grafici molto diversi tra loro. I trader a breve termine probabilmente analizzano i grafici che vanno da 1 a 15 minuti, mentre i trader a lungo termine si focalizzano su grafici giornalieri, settimanali o mensili.

Le tendenze, le linee di supporto e resistenza, oltre che gli indicatori tecnici, avranno un aspetto notevolmente diverso su un grafico a 5 minuti rispetto ad un grafico giornaliero. Ad esempio, analizzando un grafico dell'oro a 5 minuti si può notare come il prezzo sembra essere in una tendenza al ribasso. Ma se con le stesse impostazioni valuti un grafico giornaliero, allora potresti vedere che in realtà il prezzo è in rialzo da mesi.

Quindi, quale grafico è il più accurato? L'oro è in una tendenza al rialzo o al ribasso? La risposta è che entrambi i grafici sono corretti. Tutto dipende dalla tua prospettiva e dal tuo periodo di trading. Se sei un trader a breve termine, dovresti concentrarti su grafici e tendenze a breve termine. Se sei un trader a lungo termine, dovresti concentrarti su grafici e tendenze a lungo termine. Ma se riesci ad allineare sia le tendenze a breve termine che quelle a lungo termine, allora le probabilità di successo a tuo favore aumenteranno.

Per avere un'idea più completa di quali tendenze e forze di supporto e resistenza influenzano i contratti futures che stai monitorando, dovresti analizzare i seguenti tre grafici (tempi) nella tua analisi tecnica: Grafico delle Tendenze (grafico a lungo termine), Grafico dei Segnali, Grafico Temporale(grafico a breve termine). Dopo aver analizzato ogni intervallo di tempo, puoi mettere il tutto a confronto in modo da confermare una buona impostazione delle probabilità per uno scambio.

Grafico delle Tendenze

Il grafico delle tendenze, così come suggerisce il nome, ti aiuta ad identificare la tendenza dominante attraverso la quale dovresti cercare di mettere in atto operazioni di trading. Se il prezzo nel grafico delle tendenze presenta un'attitudine al rialzo, allora dovresti considerare l'acquisto del contratto futures. Se il prezzo nel grafico delle tendenze è orientato al ribasso, allora dovresti cercare di vendere quel contratto futures.

Per identificare l'intervallo di tempo da esaminare nel tuo grafico delle tendenze, dovrai prima identificare l'intervallo di tempo normalmente utilizzato sui tuoi grafici dei segnali. Una volta identificato l'intervallo di tempo del grafico dei segnali, dovresti includere un altro periodo di tempo per trovare l'intervallo di tempo da utilizzare sul grafico delle tendenze.

Di seguito troverai un elenco di intervalli di tempo comuni dei grafici dei segnali. Utilizzalo per identificare l'intervallo di tempo ottimale per il tuo grafico delle tendenze:

Grafico dei segnali a 1 minuto	Grafico delle tendenze da 15 a 30 minuti
Grafico dei segnali a 5 minuti	Grafico delle tendenze a 1 ora
Grafico dei segnali da 15 a 30 minuti	Grafico delle tendenze a 4 ore
Grafico dei segnali a 1 ora	Grafico delle tendenze a 1 giorno
Grafico dei segnali a 1 giorno	Grafico delle tendenze a 1 settimana
Grafico dei segnali a 1 settimana	Grafico delle tendenze a 1 mese

Ad esempio, se normalmente scambi contratti futures basandoti su di un grafico a 1 ora, allora dovresti utilizzare un grafico a 1 giorno per il tuo grafico delle tendenze. Se scambi contratti futures prendendo come esempio un grafico a 15 minuti, dovresti utilizzare un grafico a 4 ore per il grafico delle tendenze.

Una volta identificato l'intervallo di tempo da utilizzare per il grafico delle tendenze, dovresti determinare la tendenza generale sul grafico utilizzando livelli di supporto e resistenza, oppure medie mobili.

Sul grafico settimanale del dollaro australiano puoi vedere che il livello di supporto diagonale indica che questo contratto futures è in una tendenza al rialzo.

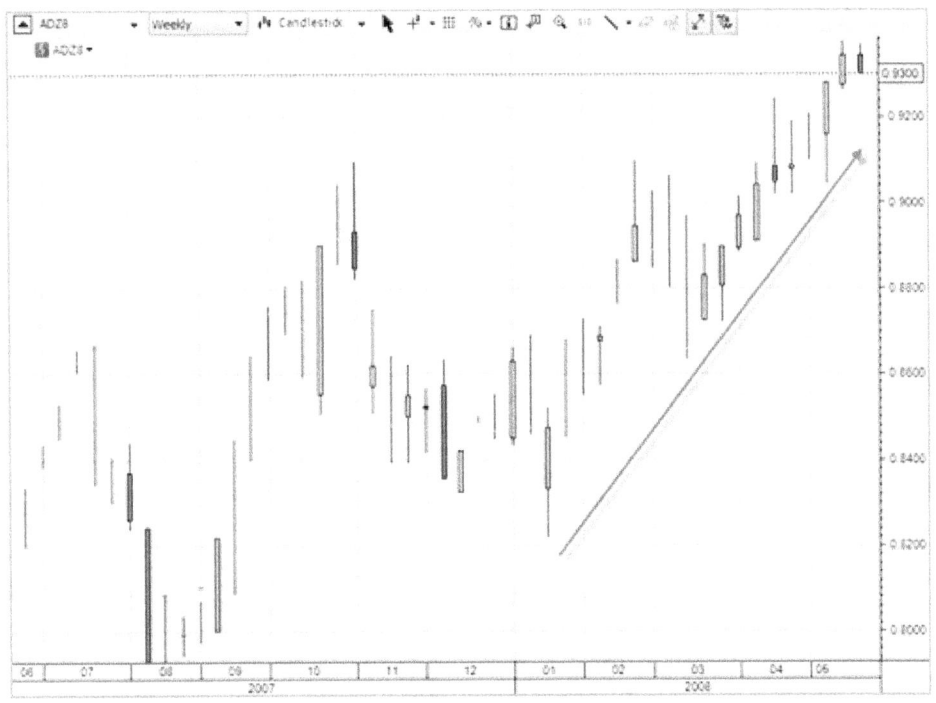

Figura 1 - Grafico delle Tendenze

Se sul tuo grafico delle tendenze visualizzi un trend al rialzo, allora dovresti cercare i segnali di ingresso di acquisto sul grafico dei segnali. Se sul grafico delle tendenze visualizzi un trend al ribasso, allora dovresti cercare segnali di vendita sul tuo grafico dei segnali. Una volta identificata la tendenza, allora dovrai identificare i segnali di trading più redditizi.

Uno dei molti vantaggi di cui puoi godere utilizzando più intervalli di tempo nel tuo trading, è quello di poter analizzare il mercato dei futures dal punto di vista dei molteplici tipi di trader. Analizzando i grafici sia a breve che a lungo termine, potrai essere maggiormente consapevole di ciò a cui prestano attenzione entrambe le tipologie di trader. Questo ti aiuterà ad evitare di trovarti impreparato di fronte ad eventuali e improvvisi movimenti di prezzo.

Grafico dei Segnali

Il grafico dei segnali è il grafico più importante. Fornisce i segnali di trading di ingresso che informano su quando cercare opportunità di acquisto e vendita, in base alla strategia di trading utilizzata. Ad esempio, se generalmente utilizzi l'indice del canale delle materie prime (CCI) come metodo identificativo dei segnali di trading, allora lo farai anche qui sul grafico dei segnali. Non vi è necessità di utilizzare l'indicatore sul grafico delle tendenze o sul grafico temporale (vedi figura 2).

Figura 2 - Grafico dei Segnali

L'utilizzo di un grafico dei segnali, insieme ad un grafico delle tendenze, consente di identificare con maggiore precisione segnali di trading potenzialmente redditizi. Ad esempio, se il tuo grafico delle tendenze mostra che il prezzo è in un trend al rialzo, allora dovresti solamente cercare segnali di acquisto sul tuo grafico dei segnali. Il modo migliore per trarre vantaggio da una tendenza al rialzo a lungo termine è quello di acquistare quel contratto futures. Se il tuo grafico delle tendenze mostra che il prezzo è in un trend al ribasso, allora dovresti cercare segnali di vendita sul tuo grafico dei segnali. Il modo migliore per trarre vantaggio da una tendenza al ribasso a lungo termine è vendere il contratto futures.

In effetti, il grafico delle tendenze permette di ignorare la metà meno redditizia dei segnali di trading presenti sul grafico dei segnali. Visto che tali segnali di trading vanno contro la tendenza a lungo termine, molto probabilmente non avranno successo.

Ora che hai identificato i tuoi segnali di trading, dovrai determinare in modo esatto quando entrare e uscire dai tuoi scambi utilizzando il grafico temporale.

Grafico Temporale

Il grafico temporale, così come suggerisce il nome, aiuta a calcolare in modo esatto il momento in cui dovresti entrare e uscire da uno scambio. Ogni tick conta quando sei un trader di futures, quindi più accuratamente puoi identificare i tuoi punti di entrata e di uscita, più soldi dovresti tenere nel tuo conto.

Di seguito troverai un elenco di intervalli di tempo comuni dei grafici dei segnali. Utilizzalo per identificare l'intervallo di tempo maggiormente appropriato per il tuo grafico temporale:

Grafico dei segnali a 1 minuto	Grafico temporale tick
Grafico dei segnali a 5 minuti	Grafico temporale a 1 minuto
Grafico dei segnali da 15 a 30 minuti	Grafico temporale a 5 minuti
Grafico dei segnali a 1 ora	Grafico temporale a 15 minuti

Grafico dei segnali a 1 giorno	Grafico temporale a 1 ora
Grafico dei segnali a 1 settimana	Grafico temporale a 1 giorno
Grafico dei segnali a 1 mese	Grafico temporale a 1 settimana

Per individuare i segnali di ingresso e di uscita sui grafici temporali, puoi utilizzare uno dei due metodi seguenti:

1. Puoi identificare la tendenza e i livelli di supporto e resistenza

2. Puoi utilizzare lo stesso indicatore tecnico utilizzato per generare i segnali di trading

Identifica la tendenza, il supporto e la resistenza: se sul tuo grafico dei segnali vedi una voce di acquisto, nel grafico temporale potresti aspettarti di vedere il prezzo su una tendenza al rialzo. Ti aspetterai quindi anche di vedere che il prezzo del contratto futures sia maggiormente vicino al supporto che alla resistenza. In questo modo saprai che il contratto futures ha spazio per muoversi più in alto prima di colpire la resistenza. Tieni presente che se si è appena spezzato per resistenza, allora dovrebbe continuare a muoversi verso l'alto.

Utilizza un indicatore tecnico: se sul grafico dei segnali utilizzi un indicatore tecnico, come ad esempio l'indice del canale delle materie prime (CCI), per generare segnali di trading, allora puoi utilizzare lo stesso indicatore sul grafico temporale in modo da identificare più facilmente quando entrare o uscire dallo scambio.

Ad esempio, se hai effettivamente utilizzato il CCI sul grafico dei segnali e ti è stato dato un segnale di acquisto, aggiungerai il CCI al grafico temporale e ti accerterai di avere un segnale di acquisto anche su questo. Se il CCI non fornisce un segnale di acquisto sul grafico temporale, prima di entrare nello scambio dovrai attendere che ti venga fornito questo tipo di segnale (vedi **Figura 3**).

Figura 3 - Grafico Temporale

Setup di Trading a Probabilità Alta

Vediamo ora come appare un setup di trading a probabilità alta seguendo l'approccio di trading a intervalli di tempo multipli. Esaminiamo un esempio con il greggio e utilizziamo un grafico settimanale come grafico delle tendenze, un grafico giornaliero come grafico dei segnali e un grafico a 1 ora come grafico temporale.

Prima di tutto, analizza il grafico delle tendenze in modo da identificare in quale direzione si sta spostando lo strumento. Come puoi vedere sul grafico settimanale inerente al greggio, il prezzo è in rialzo già da qualche tempo (vedi **Figura 4**). Andare contro questa tendenza e cercare di vendere il contratto futures non sarebbe saggio.

Figura 4 - Grafico delle Tendenze (Setup di Trading a Probabilità Alta)

In seguito, dovresti controllare il grafico dei segnali per identificare un segnale di acquisto che sia appropriato per il greggio. In questo esempio cerchiamo quindi di utilizzare l'indice del canale delle materie prime (CCI) per generare il segnale di trading. Sul grafico giornaliero del greggio puoi vedere come il CCI abbia dato un segnale di acquisto il 4 maggio mentre ha attraversato dal basso -100 all'alto -100. Allo stesso tempo, anche il prezzo del contratto futures era in rialzo (vedi **Figura 5**).

Figura 5 - Grafico dei Segnali (Setup di Trading a Probabilità Alta)

Per finire, dovresti guardare la tabella temporale per identificare il momento appropriato per acquistare greggio. Sul grafico a 1 ora puoi vedere che il prezzo è in rialzo e trova supporto lungo un livello di supporto in rialzo (vedi **Figura 6**).

Figura 6 - Tabella Temporale (Setup di Trading a Probabilità Alta)

Quando vedi che il segnale di trading generato sul grafico dei segnali corrisponde sia al trend sul grafico delle tendenze sia al movimento del prezzo sul grafico temporale, allora dovresti essere sicuro di avere buone possibilità che il tuo trading sia redditizio.

L'utilizzo di più intervalli di tempo fornisce informazioni di trading maggiormente accurate. In generale, informazioni migliori portano a scambi migliori. Operazioni migliori portano a maggiori profitti, e tu sarai più felice.

Capitolo 7:
Analisi Intermarket

I mercato dei futures è il mercato finanziario maggiormente diversificato a livello globale. Nessun altro mercato finanziario può essere paragonato alla diversità del mercato dei futures, ma esistono altri mercati finanziari che hanno un impatto sul mercato dei futures. Ad esempio, il mercato delle obbligazioni degli Stati Uniti può influenzare il valore della nazione stessa. Un contratto futures sull'indice del dollaro, proprio come lo yen giapponese, può influenzare il valore del contratto futures sull'indice Nikkei 225

Per avere successo come trader di futures, dovrai essere in grado di riconoscere le relazioni che esistono tra i vari mercati finanziari a livello mondiale e comprendere in che modo tali relazioni possano influenzare il trading dei contratti futures.

Osservando ciò che sta accadendo in altri mercati finanziari in questo momento, può capitare di ricevere un preavviso di ciò che accadrà nel mercato dei futures. Ad esempio, se noti che il valore della coppia di valute AUD/USD aumenta rapidamente, puoi cercare un aumento corrispondente nel valore del contratto futures sull'oro. Una volta che sai cosa cercare, puoi sfruttare le stesse correlazioni analizzate dai grandi investitori istituzionali. In questa sezione ci concentreremo su come i seguenti mercati influenzano il mercato dei futures: forex, obbligazioni, azioni.

Il Mercato Forex e il Mercato dei Futures

L'aumento della domanda di materie prime a livello globale ha unito il mercato dei futures con quello forex. Praticamente ogni paese del mondo ha necessità di importare alcune delle materie prime che consuma. Normalmente, per acquistare queste merci, chi importa dovrà scambiare la propria valuta con quella del paese da cui importa le merci. Questa transazione fa aumentare la domanda della valuta dell'esportatore, con un aumento corrispondente del valore di quella valuta. Tale transazione aumenta inoltre l'offerta della valuta dell'importatore, e di conseguenza il valore di quella valuta diminuisce.

Tre delle principali valute, il dollaro canadese (CAD), il dollaro australiano (AUD) e il dollaro neozelandese (NZD), sono strettamente correlate ed influenzate dai valori delle materie prime; questo perché si tratta dei principali esportatori di materie prime. Quando il prezzo delle materie prime aumenta, solitamente anche il valore di queste valute aumenta. Quando il prezzo delle materie prime scende, solitamente anche il valore di queste valute diminuisce.

Ciascuna di queste valute delle materie prime, così come conosciute dai traders di forex, è correlata ad una merce differente. Ad esempio, i futures sull'oro sono altamente correlati con il dollaro australiano. All'aumentare del prezzo del dollaro australiano, generalmente aumenta anche il valore dei futures sull'oro. Quando il prezzo del dollaro australiano scende, diminuisce anche il valore dei futures sull'oro. Nonostante tale correlazione non sia da ritenersi perfetta, vale la pena prestare attenzione.

I trader di futures possono anche acquistare e vendere contratti futures che rappresentano in modo diretto le valute stesse. Ad esempio, puoi acquistare il contratto futures per il dollaro canadese se credi che la valuta aumenterà di valore. Oppure puoi pensare di vendere il contratto futures per lo yen giapponese, se ritieni che la valuta diminuirà di valore. Se durante le sessioni di trading poni particolare attenzione a ciò che sta accadendo nel mercato forex potresti acquisire maggiori profitti nel tuo trading di futures.

Il Mercato Obbligazionario e il Mercato dei Futures

Il mercato obbligazionario mondiale è il secondo mercato finanziario più grande al mondo. Governi, istituzioni e singoli investitori partecipano attivamente al mercato obbligazionario a livello globale. Ognuno di questi partecipanti vuole la stessa cosa, un ritorno redditizio sull'investimento.

I titoli di stato costituiscono la percentuale più ampia di componenti del mercato obbligazionario mondiale. In genere, tali obbligazioni vengono viste come investimenti privi di rischio perché sostenute da una completa buona volontà e fede nei confronti dei governi nazionali. Ma non tutti i titoli di stato sono creati in modo uguale o riescono a raggiungere l'uguaglianza. Alcuni governi pagano un tasso di interesse più alto per le obbligazioni rispetto ad altri. Gli investitori internazionali considerano questi tassi di interesse nel momento in cui decidono dove investire i propri soldi. Normalmente le obbligazioni con tassi di interesse più elevati sono anche più attraenti per gli investitori, a condizione che le economie che le sostengono siano relativamente stabili.

Gli investitori che vogliono acquistare titoli di stato devono farlo con la valuta del governo rappresentato. Se gli investitori internazionali vogliono acquistare titoli di stato degli Stati Uniti, devono prima scambiare le loro valute in dollari statunitensi. Questo incremento di domanda per il dollaro statunitense comporta un aumento del valore dei contratti futures sull'Indice del Dollaro degli Stati Uniti. Allo stesso tempo, l'aumento dell'offerta sul mercato di alcune valute internazionali comporta la diminuzione del valore dei contratti futures per tali valute.

Conoscere quali sono i governi che offrono tassi di interesse più elevati sui propri titoli di Stato, e quali obbligazioni stanno guadagnando popolarità tra gli investitori internazionali, ti permetterà di identificare meglio quali contratti futures su valuta acquistare e quali vendere. La buona notizia per i trader è che raramente capita che il mercato obbligazionario a livello internazionale cambi in modo repentino. Segue invece dei cicli di tendenze a lungo termine, e in qualche modo prevedibili, che è possibile sfruttare.

Sugli stessi titoli di Stato è anche possibile fare trading su contratti futures. Se noti ad esempio che la domanda di obbligazioni giapponesi o svizzere sta aumentando, allora puoi pensare di acquistare il contratto futures per una di queste obbligazioni

Mercati Azionari e Mercato dei Futures

I singoli investitori da tutto il mondo sembrano poter analizzare le azioni più da vicino rispetto a qualsiasi altro mercato. Le azioni sono eccitanti, esistono già da un po' di tempo e la maggior parte dei singoli investitori può relazionarsi alle società dalle quali acquistano azioni. Nel momento in cui le azioni vanno bene, allora il denaro di tutto il mondo fluisce nel comprare quelle azioni. Se le azioni stanno andando male, il denaro esce con la vendita delle azioni da parte degli investitori internazionali.

Chi investe in futures può trarre vantaggio dagli aumenti e delle diminuzioni a livello generale nei mercati azionari di tutto il mondo, investendo o effettuando trading sul contratto futures che rappresenta gli indici dei principali mercati azionari globali. Ad esempio, per trarre vantaggio da un mercato azionario in crescita in Francia, un investitore di futures può acquistare il contratto futures per il CAC 40. Allo stesso modo, per trarre vantaggio da un mercato in calo nel Regno Unito, un investitore di futures può vendere il contratto futures per il FTSE 100.

Inoltre, la globalizzazione ha reso più facile per gli investitori di un paese investire nei mercati azionari di altri paesi. Se gli investitori notano che le azioni nel Regno Unito stanno andando bene, allora cercheranno di acquistare quelle azioni. Se notano che le azioni in Giappone stanno iniziando a sovraperformare quelle in Europa, allora potrebbero reindirizzare i propri fondi al di fuori dal Regno Unito e dirottarli in Giappone nella speranza di ottenere tassi di rendimento sui propri investimenti più elevati.

Le azioni vengono stimate secondo la valuta locale. Per investire in azioni nel Regno Unito, gli investitori stranieri dovranno prima convertire le proprie valute in sterline britanniche. Questa maggiore domanda di sterline britanniche fa aumentare il valore dei contratti futures sulla sterlina britannica. In questo caso, l'aumento dell'offerta di valute internazionali sul mercato, oltre ad un'offerta sproporzionata rispetto alla domanda, diminuisce il valore dei contratti futures per tali valute.

Chi investe in futures osserva in modo attento l'andamento dei mercati azionari nei principali paesi. Se il mercato azionario di un paese inizia a sovraperformare il mercato azionario di un altro paese, gli investitori in futures sanno che probabilmente anche altri investitori penseranno a trasferire il proprio denaro dal paese con il mercato azionario più debole a quello con il mercato azionario più forte. Ciò comporterà un aumento del valore del contratto futures che rappresenta la valuta del paese con il mercato azionario più forte. E, nel contempo, il valore del contratto futures che rappresenta la valuta del paese con il mercato azionario più debole si muoverà verso il basso. Acquisendo un contratto futures per la valuta dal paese con il mercato azionario più forte, e vendendo per la valuta dal paese con il mercato azionario più debole, è potenzialmente possibile realizzare un buon profitto.

Capitolo 8:
Strategie di Spread

Strategie di Spread

trader di futures non si limitano semplicemente a comprare e vendere un contratto futures alla volta per trarre vantaggio dai movimenti di prezzo nel mercato. Ma hanno la capacità di acquistare e vendere contratti di compensazione nel cosiddetto spread trade.

Gli spread possono assumere varie forme, ma tutti hanno due cose in comune:

1. Forniscono una copertura contro il movimento avverso dei prezzi

2. Sono progettati per trarre vantaggio dai cambiamenti in rapporto alle relazioni di prezzo tra due contratti futures.

Gli spread forniscono una copertura contro lo spostamento avverso dei prezzi nel momento in cui acquisti e vendi contemporaneamente contratti futures quando entri in un hedge. Quando il valore di un contratto aumenta, allora il valore dell'altro contratto diminuisce. Ad esempio, se vai incontro a perdite relative al contratto futures acquistato come parte dello spread, puoi compensare in modo parziale con i possibili guadagni realizzati sul contratto venduto come parte dello spread. Al contrario, andando incontro a perdite sul contratto futures venduto come parte dello spread, potrai compensare solo parzialmente con i guadagni realizzati sul contratto acquistato come parte dello spread.

Gli spread traggono vantaggio dai cambiamenti nelle relazioni di prezzo. Pensa, ad esempio, che vi siano contratti futures sul greggio che in una borsa vengono scambiati a 99 $ al barile mentre su di un'altra borsa a 100 $ al barile. Potresti entrare in uno spread trade acquistando il contratto future sul greggio scambiato a 99 $ al barile e vendendo il contratto future sul petrolio greggio scambiato a 100 $ al barile. Se alla fine i due prezzi convergono, allora otterrai un profitto.

In questa sezione analizzeremo tre tipi di scambi di spread: spread inter-delivery, spread inter-commodity, spread inter-exchange

Spread Inter-Delivery

Uno spread inter-delivery prevede che un trader effettui un acquisto di un contratto futures con un determinato mese di consegna, e contemporaneamente venda lo stesso contratto futures con un mese di consegna diverso sullo stesso scambio. Ecco la semplice ripartizione:

Contratto Futures:	Stesso
Mese di Consegna (Scadenza):	Differente
Borsa:	Stessa

Gli spread inter-delivery talvolta sono indicati anche come spread intra-market o calendar spread.

Facciamo un esempio: vuoi acquistare un contratto del grano di Chicago in luglio (negoziato sul Chicago Board of Trade o CBOT) perché credi che i prezzi aumenteranno nel breve termine, ma vuoi coprire parte della tua esposizione al ribasso. Questo puoi farlo acquistando il contratto per il grano di luglio e vendendo allo stesso tempo il contratto per il grano di settembre. Se il prezzo del grano aumenta nel breve termine, il prezzo del contratto del grano di luglio probabilmente aumenterà più velocemente di quello del contratto del grano del mese di settembre, facendoti guadagnare più soldi con il contratto di luglio di quanto perderesti con il contratto di settembre. Se il prezzo del grano diminuisce nel breve termine, probabilmente anche il prezzo del contratto del grano di luglio diminuirà in modo più rapido rispetto al contratto del grano di settembre, causando così una perdita di denaro sul contratto di luglio ma permettendoti comunque di compensare alcune delle tue perdite grazie ai guadagni inerenti al contratto di settembre.

I trader dividono gli spread inter-delivery in due categorie: spread al rialzo e spread al ribasso. Uno spread al rialzo è uno spread inter-delivery dove si acquista il contratto vicino (vale a dire il contratto che scade prima) e si vende il contratto differito (quello che scadrà per ultimo). I trader utilizzano gli spread al rialzo nel momento in cui ritengono che i prezzi aumenteranno nel breve termine.

Un buon esempio di spread al rialzo è quello che abbiamo fatto in precedenza di acquistare il contratto di grano di luglio e vendere l'equivalente di settembre.

Uno spread al ribasso è uno spread inter-delivery nel quale si vende il contratto più vicino e si acquista il contratto del mese successivo. I trader utilizzano gli spread al ribasso quando pensano che i prezzi diminuiranno nel breve termine.

Questo capita ad esempio nel momento in cui vuoi vendere il contratto del grano di luglio perché credi che i prezzi scenderanno nel breve termine, ma vuoi coprire parte della tua esposizione al rialzo. Tutto ciò puoi ottenerlo vendendo il contratto per il grano di luglio e contemporaneamente acquistando il contratto per il grano di settembre. Se il prezzo del grano diminuisce nel breve termine, probabilmente il prezzo del contratto del grano di luglio diminuirà più velocemente rispetto al contratto del grano di settembre, permettendoti di guadagnare più denaro sul contratto di luglio di quanto perderesti con quello di settembre. D'altra parte, se il prezzo del grano aumenta nel breve termine, anche il prezzo del contratto del grano di luglio aumenterà con molta probabilità più velocemente di quello del contratto del grano di settembre, facendoti perdere denaro sul contratto di luglio ma permettendoti di compensare alcune perdite con i guadagni del contratto di settembre.

Spread Inter-Commodity

Uno spread inter-commodity è uno spread nel quale un trader acquista un contratto futures con un determinato mese di consegna e allo stesso tempo vende un contratto futures differente, ma correlato, con lo stesso mese di consegna e sulla stessa borsa valori. Ecco un esempio di esecuzione:

Contratto Futures:	Differente
Mese di Consegna (Scadenza):	Stesso
Borsa:	Stessa

Immaginiamo che tu voglia nuovamente acquistare il contratto del grano di Chicago di luglio, in quanto ritieni che i prezzi andranno incontro ad un aumento nel breve termine, ma vuoi comunque coprire parte della tua esposizione al ribasso. Al momento però non vedi alcun vantaggio di prezzo nell'utilizzo di uno spread inter-delivery. Decidi invece di utilizzare uno spread inter-commodity e di coprire il rischio a cui vai incontro (come conseguenza dell'acquisto di un contratto di grano di luglio) vendendo un contratto di mais di Chicago di luglio.

Il grano e il mais sono due prodotti diversi ma correlati. Entrambi hanno a che fare con stagioni di crescita relativamente simili, entrambi sono cereali ed entrambi sono importanti per l'approvvigionamento alimentare a livello globale. Ora credi che il prezzo del grano aumenterà più rapidamente rispetto a quello del mais. Per sfruttare tale discrepanza di prezzo, decidi di acquistare il contratto di grano di luglio e vendere il contratto di mais sempre di luglio. Se nel breve termine il prezzo del grano aumenta più velocemente rispetto al prezzo del mais, il prezzo del contratto del grano di luglio probabilmente aumenterà più velocemente rispetto al contratto del mais di luglio, permettendoti così di guadagnare più denaro sul contratto del grano di luglio di quanto perderai sul contratto del mais di luglio. D'altra parte, se nel breve termine il prezzo del grano diminuisce più rapidamente rispetto al prezzo del mais, è probabile che anche il prezzo del contratto del grano di luglio diminuirà più rapidamente rispetto al prezzo del contratto del mais di luglio, causando così una perdita di denaro nel contratto sul grano di luglio ma permettendo una compensazione parziale delle perdite con i guadagni sul contratto del mais di luglio.

Spread Inter-Exchange

Uno spread inter-market è uno spread nel quale un trader acquista un contratto futures con un mese di consegna stabilito e, allo stesso tempo, vende lo stesso contratto futures con lo stesso mese di consegna ma su una borsa differente. Ecco la ripartizione:

Contratto Futures:	Stesso
Mese di Consegna (Scadenza):	Stesso
Borsa:	Differente

Gli spread inter-exchange talvolta sono indicati anche come spread inter-market. Immaginiamo che tu voglia nuovamente acquistare il contratto del grano di Chicago di luglio in quanto ritieni che i prezzi andranno incontro ad un aumento nel breve termine, ma vuoi comunque coprire parte della tua esposizione al ribasso. Ma, invece di effettuare una copertura con l'utilizzo di uno spread inter-delivery o inter-commodity, decidi di utilizzare uno spread inter-exchange coprendo il tuo long contract sul grano di Chicago di luglio con uno short contract sul grano di Kansas City (negoziato presso il Kansas City Board of Trade).

Il grano di Chicago e quelli di Kansas City sono abbastanza simili. Se un contratto viene negoziato ad un prezzo più alto rispetto ad un altro, allora puoi acquistare il contratto negoziato al prezzo inferiore e vendere quello negoziato al prezzo più alto. In questo modo acquisti in basso e vendi in alto. Se alla fine i due prezzi convergono ancora una volta, allora otterrai un profitto.

Capitolo 9:
Diversificazione

Diversificazione

L a diversificazione è la pratica di distribuire i propri fondi su un ampio ventaglio di investimenti indipendenti. Proprio come un allenatore di calcio posiziona strategicamente i suoi giocatori sul campo, per sfruttare il vantaggio derivante dai cambiamenti nel gioco e le debolezze dell'avversario, dovresti cercare di posizionare il tuo denaro in modo strategico sul mercato dei futures in modo da poter trarre profitto da qualsiasi settore del mercato che potrebbe muoversi.

La diversificazione può aiutarti a preservare il tuo portafoglio di trading da perdite improvvise ed estese. Ipotizziamo quindi che se tu prenda tutto il tuo denaro e decida di acquistare contratti futures sul greggio, solo per vedere il prezzo del petrolio spostarsi e precipitare in un solo giorno. Non ci vorrebbe poi molto ad eliminare l'intero conto. Immagina ora di prendere una parte dei tuoi soldi e acquistare alcuni contratti futures sul greggio, alcuni sul mais, altri contratti futures su S&P 500 e altri ancora sull'oro. Anche se il prezzo del petrolio scendesse in modo drastico e portasse alla perdita di denaro su quel trade, avresti comunque altri tre trade che non subiranno l'influenza dalla variazione di questo prezzo.

È ovvio che non dovresti investire in contratti futures casuali solo per diversificare il tuo conto. Devi sempre pensare che il trading che stai attuando possa avere il potenziale giusto per essere redditizio. Ma allo stesso tempo, dovresti cercare di distribuire il rischio su più operazioni interessanti.

La diversificazione si presenta in diverse forme e dimensioni. In questa sezione, analizzeremo due metodi per diversificare il tuo conto in modo proficuo: Diversificazione delle Materie Prime, Diversificazione di Strategia.

Diversificazione delle Materie Prime

La diversificazione tra materie prime è, probabilmente, la forma più ovvia e diretta di diversificazione. Come già accennato, le probabilità di perdere denaro allo stesso tempo su un contratto sul greggio, un contratto sul mais, un contratto S&P 500 e un contratto sull'oro sono basse. Questi contratti futures non sono tutti influenzati dalle stesse forze di mercato. Al contrario, alcuni contratti futures sono strettamente correlati. E se investi solo nei contratti futures che sono strettamente legati tra loro, allora potresti rischiare di perdere denaro su ogni contratto. Ad esempio, il greggio e il gas naturale sono strettamente correlati, così come il mais e il grano, l'S&P 500 e il FTSE 100 e l'oro e l'argento sono tutti strettamente correlati tra loro.

I trader che ottengono una diversificazione delle materie prime ottimale, cercano di distribuire le operazioni tra i vari settori dei futures. Come analisi, considera i seguenti settori come appartenenti alla categoria dei futures sulle materie prime:

Agricoltura

- Metalli Comuni
- Energie
- Carni
- Metalli Preziosi
- Soft

I seguenti settori sono compresi nella categoria dei futures finanziari:

- Obbligazioni
- Valute
- Tassi di Interesse a Breve Termine
- Indici Azionari

Quindi, in prospettiva, se sei un trader di futures sono molti i settori tra i quali scegliere. Non devi necessariamente limitarti a solo uno o due di questi settori. Puoi fare trading per un contratto nel settore dei softs, delle obbligazioni, delle energie e nel settore agricolo e diversificare così il rischio.

Ovviamente prima di effettuare qualsiasi operazione dovresti condurre un'analisi approfondita. Ricorda: non diversificare tra contratti casuali solo per amore, appunto, della diversità. Dovresti sempre avere un motivo ben definito per acquistare o vendere un contratto specifico.

Se hai da poco iniziato a fare trading sui futures, potrebbe passare un po' di tempo perché tu ti senta a tuo agio nel fare trading su contratti legati a vari settori dei futures, e questo non è certo un problema. Non sentirti pressato dal dover fare trading su tutto, all'inizio lo specializzarsi su determinate aree è spesso la scelta migliore.

Diversificazione di Strategia

La diversificazione riguarda non solo i contratti futures che scegli di acquistare e vendere, ma anche il modo in cui decidi appunto di acquistare o vendere tali contratti. La diversificazione della strategia può essere altrettanto importante per il tuo successo complessivo come trader di futures quanto la diversificazione delle materie prime.

Durante la lettura di questo libro hai imparato molte strategie di trading differenti. Hai imparato a fare trading con modelli di prezzo, con indicatori tecnici e con varie strategie di spread. Ora è il momento di iniziare a utilizzare queste strategie.

Questo ad esempio, se stai analizzando i diversi settori di mercato perché vuoi mantenere una buona quantità di diversificazione delle materie prime e noti che i contratti futures in uno dei settori (ad esempio i metalli preziosi) si muovono lateralmente, mentre i contratti futures in uno degli altri settori (ad esempio le energie) si stanno muovendo più in alto e con una forte tendenza al rialzo. Potresti certamente diversificare il tuo conto ed acquistare alcuni contratti nel settore dei metalli preziosi e altro nel settore delle energie, così da raggiungere un alto livello di diversificazione delle materie prime; ma è davvero il modo più efficace per impiegare il tuo denaro?

Probabilmente, sarebbe una buona idea acquistare contratti nel settore delle energie dato che attualmente risultano in crescita. Ma, invece, l'acquisto di contratti nei settori dei metalli preziosi sembra essere solo una perdita di tempo dato il loro spostamento laterale. Forse, un uso più efficace del tuo denaro potrebbe essere quello di implementare una strategia di spread, come uno spread inter-delivery che possa sfruttare i contratti futures che si muovono lateralmente. In questo modo, non solo ti assicurerai di raggiungere il livello di diversificazione delle materie prime che desideri, ma ti assicurerai anche di utilizzare la strategia di trading più giusta per quello che offre il mercato. Prova ad adottare gli aspetti di questo approccio al tuo trading di futures. Se pensi che una strategia non funzioni, allora provane un'altra. Il tuo unico limite è la tua immaginazione e la tua volontà di essere creativo.

Infine, se puoi diversificare il tuo trading su più contratti futures e implementare alcune strategie di trading differenti in modo da trarre vantaggio dalle circostanze che si verificano sul mercato, scoprirai che sei sulla buona strada per diventare un trader di futures di successo.

Capitolo 10:
Exchange Traded Funds

Gli Exchange Traded Fund (ETF) sono fondi di investimento che vengono negoziati in borsa. Nonostante non possano essere considerati come fondi di investimento comuni, offrono tutti i vantaggi della diversificazione di cui potresti approfittare nelle operazioni trading con un fondo comune. Gli ETF possono anche contare su tutti i vantaggi della liquidità ottenuta col trading di singole azioni. In parole povere, gli ETF sono fondi che vengono scambiati come fossero un'azione.

Gli ETF offrono una diversificazione immediata; questo perché quando acquisti un ETF, acquisti anche una parte di un fondo che ingloba più asset. Gli ETF sono come un grande pool di asset dove vengono collocate varie attività come azioni, obbligazioni e materie prime da chi gestisce i fondi. Nel momento in cui acquisti un ETF, allora acquisti anche la proprietà in blocco del pool e del suo contenuto, ma non la proprietà frammentaria dei singoli contenuti.

Con un ETF puoi effettivamente guadagnare. All'aumentare del valore delle attività all'interno del pool, aumenterà anche il valore complessivo del pool stesso. Al contrario, diminuendo il valore delle attività all'interno del pool, diminuisce anche il valore complessivo del pool stesso. In altre parole, se le attività all'interno di un ETF aumentano di valore, il valore aumenta, e quando le attività all'interno di un ETF diminuiscono, allora il valore diminuisce.

Diversificazione Istantanea

Gli ETF ti permetto di detenere simultaneamente più asset, senza però dover acquistare ogni asset separatamente. Ad esempio, pensa ai costi del trading che si accumulerebbero e il capitale che dovresti avere nel tuo conto nel caso in cui fossi costretto ad acquistare ciascuna singola azione all'interno dell'S&P 500.

La diversificazione può aiutarti anche a proteggerti da rischi non sistematici. Ad esempio, se possiedi solo una delle azioni dell'indice Nikkei 225 e quella quota perde valore, perderai del denaro sul tuo investimento. Ma se possiedi l'intero indice Nikkei 225 tramite un ETF e quella stessa quota scende, avrai altre 224 azioni che molto probabilmente ti assicureranno che il valore dell'intero indice rimanga stabile o salga in alto.

Molti degli ETF più popolari tracciano indici di mercato piuttosto ampi. Di seguito sono presenti alcuni esempi:

S&P 500

Dow Jones Industrial Average

FTSE 100

Indice DAX

Nikkei 225

Indice FTSE/Xinhua China 25

NASDAQ 100

Indice CAC 40

Molti ETF possono anche monitorare vari settori presenti nel mercato come i seguenti:

Tecnologia dell'informazione

Energia

Materiali

Beni Industriali

Telecomunicazioni

Utilities

Assistenza sanitaria

Finanze

Trading sul Mercato Aperto

Gli ETF vengano negoziati liberamente in borsa proprio come avviene con le azioni normali. Fintanto che le borse sulle quali avvengono gli scambi di ETF sono aperte, puoi acquistare o vendere qualsiasi ETF. Si tratta di un vantaggio rispetto ai fondi comuni di investimento.

In genere, i fondi comuni di investimento sono negoziati solo alla fine della giornata di mercato, quando tutte le attività all'interno dei fondi possono essere valutate. A quel punto, ai fondi viene assegnato un valore di chiusura per la giornata e potrai acquistare o vendere i fondi a quel valore di chiusura. Sfortunatamente, quando le attività all'interno dei fondi stanno perdendo valore durante i giorni di trading, sarà necessario trattenerli fino al termine della giornata e indipendentemente dal valore perso dai fondi. In conclusione, sia che tu veda il valore di un ETF aumentare oppure diminuire durante una giornata di trading, puoi acquistare o vendere l'ETF in modo da sfruttare questo movimento di prezzo.

Puoi proteggere i tuoi scambi ETF impostando ordini di stop loss. Dato che gli ETF sono negoziati liberamente, puoi impostare ordini di stop loss che ti porterebbero fuori dalle operazioni di trading durante il giorno di mercato in cui viene raggiunto il prezzo predeterminato. Se portassi avanti operazioni di trading di fondi comuni di investimento in modo da ottenere la diversificazione, non avresti questa capacità; questo perché puoi acquistare o vendere fondi comuni di investimento solo al termine della giornata di trading e dopo la chiusura dei mercati. Non importa quindi se il tuo prezzo di attivazione è stato raggiunto durante il giorno di mercato perché non potresti comunque uscire dal tuo trading.

Ordini Stop Loss

Gli ordini stop loss permettono l'implementazione di appropriate misure di gestione del rischio del tuo conto. Di conseguenza, puoi proteggere il tuo capitale di investimento sia con la diversificazione che con gli ordini di stop loss contemporaneamente.

Commissioni Più Basse

Quando affidi il tuo denaro ad un manager per essere investito, solitamente ti verrà richiesto di pagare una commissione. In generale, più il ruolo che il gestore svolge nelle decisioni di investimento risulta attivo, maggiore sarà la commissione dovuta. A differenza di molti altri fondi, compresi i fondi comuni di investimento gestiti attivamente, di solito gli ETF prevedono commissioni inferiori in quanto gestiti passivamente.

Molti ETF tracciano un indice specifico, un settore di mercato e così via. Considerato che la composizione della maggior parte degli indici e dei settori azionari incorre in piccole modifiche, la maggior parte di chi gestisce gli ETF spesso non ha bisogno di cambiare le partecipazioni presenti all'interno del fondo. Di conseguenza, dato che questi gestori non svolgono un ruolo attivo, verrà applicata una commissione inferiore.

C'è anche da considerare che la maggior parte di chi gestisce fondi comuni di investimento assume ogni giorno decisioni in merito a quali asset aggiungere, mantenere e rimuovere dai propri portafogli. Un tipo di gestione attiva e le commissioni di trading prodotte, aumentano le commissioni addebitate dai gestori di fondi comuni di investimento ai propri clienti.

Conclusioni

Grazie per aver concluso *Strategie di Trading sui Futures*. Spero che tu possa averlo trovato informativo e in grado di fornirti gli strumenti necessari per raggiungere i tuoi obiettivi di trading di futures e guadagnare denaro.

Il prossimo passo è quello di testare le tue abilità nel trading e mettere insieme il capitale di rischio utilizzabile per mettere in atto operazioni aggiuntive. Questo ti darà la motivazione necessaria per avere successo.

Mi sono occupato di molti altri libri inerenti i diversi aspetti del trading e delle classi di asset, se vuoi dagli un'occhiata!

L'Autore

Wayne Walker dirige una società che si occupa di consulenza e formazione sui mercati dei capitali globali (gcmsonline.info). Vanta diversi anni di esperienza nella guida e nel coaching di team di consulenti per gli investimenti, oltre ad aver gestito team con le migliori prestazioni in un Gruppo di Clienti Privato basato sul Bench Mark Earnings (BME).

www.ingramcontent.com/pod-product-compliance
Lightning Source LLC
Chambersburg PA
CBHW071026220526
45467CB00004B/1519